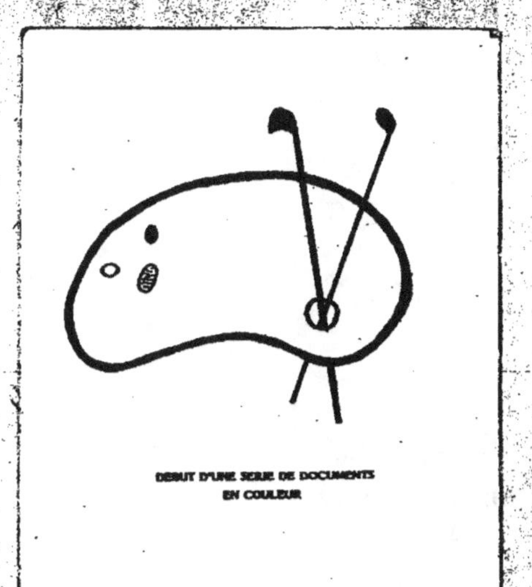

DEBUT D'UNE SERIE DE DOCUMENTS
EN COULEUR

Couverture inférieure manquante

DU PEUPLEMENT

DE

L'AFRIQUE

Extrait du n° 3 des *Bulletins et Mémoires*
de la SOCIÉTÉ AFRICAINE DE FRANCE

PARIS

TYPOGRAPHIE A. DAVY
52, rue Madame, 52

1891

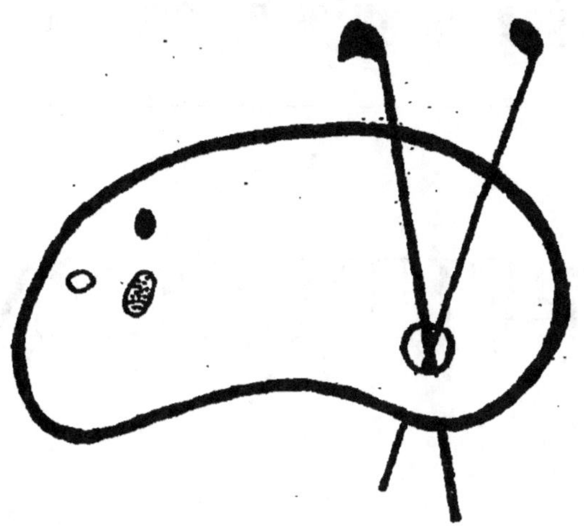

FIN D'UNE SERIE DE DOCUMENTS
EN COULEUR

DU PEUPLEMENT

DE

L'AFRIQUE

Extrait du n° 3 des *Bulletins et Mémoires*
de la Société africaine de France

PARIS

TYPOGRAPHIE A. DAVY

52, rue Madame, 52

—

1891

DU PEUPLEMENT DE L'AFRIQUE

Conférence faite à la Société africaine de France en 1890

Par le Dr E. Verrier.

1° ZONES DES DÉSERTS DU NORD

Les conditions de climat et de sol divisent le continent africain en cinq zones distinctes qui correspondent à cinq états sociaux différents, tant il est vrai que l'influence du lieu n'a pas seulement d'action sur les caractères physiques de l'homme mais aussi et surtout sur son état social, comme j'espère le démontrer dans un instant.

Quant à ces conditions climatologiques et géologiques, elles ont été suffisamment étudiées par E. Reclus (*Géogr. univ.*, t. X, p. 15 et suiv. et les cartes p. 16, 17 et 21) pour que je n'aie pas à y revenir.

Qu'il me suffise de dire que les cinq zones, auxquelles je fais allusion, sont :

1° La zone des déserts du nord, qui est sèche, où la végétation arborescente est presque nulle ou peu considérable ; elle constitue un ensemble de vastes déserts ou steppes plus ou moins pauvres ; elle confine à l'Asie, si nous considérons le peu d'obstacles que l'étroite mer Rouge, réellement et historiquement, apporte à ce voisinage (Reclus, t. IX, p. 4).

C'est le peuplement primitif de cette zone que nous allons étudier aujourd'hui.

Quant aux quatre autres zones que nous dénommerons :

2° Zone du plateau central ;

3° Zone des déserts du sud ;

4° Zone de la côte occidentale ;

5° Zone montagneuse de l'est,

vous en trouverez la description faite par M. de Préville dans la *Science sociale* (t. V, VI, VII et VIII).

Déjà pour la zone montagneuse de l'est j'ai décrit le lieu et l'état social de ses habitants. Tout ce que j'ai dit alors, d'après le voyageur Thomson, se confirme tous les jours par les explorations modernes et les compétitions anglaises et germaniques vers la région de l'Ouganda.

La zone des déserts du nord forme un grand plateau bosselé dont l'inclinaison, faible, mais régulière, se dirige dans le sens de l'équateur, du pied de l'Atlas, au nord, vers les bassins du Niger, du lac Tchâd et des pays des Rivières au sud.

Tout ce vaste espace est ce qui constitue le désert proprement dit. Il n'est que la continuation de la large bande de terre connue en Asie sous le même nom et est soumis aux mêmes influences météorologiques (Reclus, t. XI, p. 790).

Ces déserts partant du grand plateau central et comprenant les déserts du Béloutchistan, de la Perse, de la Chaldée, de la Syrie, se prolongent après avoir traversé l'Arabie, la mer Rouge et l'Egypte jusqu'à l'Océan Atlantique, à l'ouest de l'Afrique, sans autre interruption que le passage de l'étroite vallée du Nil.

Voilà donc une route qui, comme le dit Reclus (t. XI, p. 788, 89), ouvre une large voie aux émigrations des pasteurs de l'Orient à l'Occident, sans que ceux-ci soient contraints d'abandonner l'art pastoral qui est leur art nourricier et par conséquent, sans perdre les grands traits de l'organisation patriarcale inhérente à cet art, savoir le pouvoir paternel entier et incontesté, le groupement par tribus, et l'indépendance presque absolue de tout gouvernement centralisé.

J'ai l'honneur de placer sous les yeux du lecteur une carte d'Afrique dressée d'après les données de M. de Préville qui divise cette zone des déserts du nord en quatre régions, savoir du nord au sud :

1° La région des pasteurs cavaliers ;
2° La région des pasteurs chameliers :
3° La région des pasteurs chevriers ;
4° La région des pasteurs bouviers.

Ces régions dont la carte ne donne que les limites générales, car on comprend qu'elles ne puissent être des divisions géométriques du sol, permettent de comprendre comment les

Berbères, après avoir atteint l'Atlantique et poussé jusque dans les îles Canaries, aient pu à un moment donné envahir l'Europe méridionale et occidentale en traversant le détroit de Gibraltar, si tant est qu'à l'époque de leur première migration les îles Canaries et l'Espagne étaient déjà séparées du continent africain.

Ceci explique la similitude anthropologique des anciens Guanches avec la race de Cro-Magnon, et c'est encore par cette voie que, plus tard, les Arabes ont pu arriver facilement

jusqu'en face de l'Espagne et par ce pays franchir les Pyré-
nées et venir jusqu'à la Loire.

Si les Berbères actuels, les Touaregs, les Kabyles, ne représentent pas aujourd'hui le type pur et complet des pasteurs de
la grande steppe qui vivent exclusivement de leur bétail, s'ils
s'écartent de plus en plus du type des anciens Guanches, c'est
que depuis de longues périodes de siécles l'influence du lieu a
agi sur leurs caractères physiques et amené des modifications
dans leur art nourricier et, par suite, dans leur état social.

En effet, si cette zone des déserts présente des caractéres
communs, elle offre, d'autre part, des différences sensibles.
D'une façon générale, les paturages y sont pauvres et la neige
ne vient pas chaque année les revivifier comme sur les hauts
plateaux; de plus, au point de vue du climat et de la végétation, toute la zone se subdivise en régions secondaires courant
de l'est à l'ouest et se distinguant par une siccité différente,
selon leur situation plus ou moins proche de l'équateur ou leur
voisinage des côtes et des montagnes.

Il est non moins certain que de grandes modifications se sont
produites dans les déserts du nord depuis la disparition de la
mer intérieure et la siccité de plus en plus accusée de la
région saharienne.

Il résulte de ces différences, qui se traduisent par une varia-
tion dans les productions spontanées du lieu, que chaque sub-
division convient mieux à une espéce appropriée d'animaux et
impose, par suite, aux pasteurs, un mode d'existence spécial.

Et voilà comment la région méditerranéenne convient par-
faitement aux pasteurs cavaliers qui ont pu y perfectionner
une race d'excellents chevaux dont les premiers, comme l'a
démontré M. Piétrement, sont originaires de l'Asie.

Cette région, mieux limitée que les trois autres, suit la base
méridionale des montagnes de l'Atlas et de l'Aurès et s'arrête
au commencement des sables. Elle a permis, dans une grande
partie de son étendue, la culture des céréales aux Romains qui
en avaient fait leur grenier d'abondance et avant eux aux
Kabyles, Berbères plus modifiés encore que les Touaregs dans
leurs doubles caractères physiques et sociaux.

Quant aux autres subdivisions, leurs courbes limitatives sont naturellement influencées soit par des courants atmosphériques, soit par l'altitude ou l'humidité locale provenant des fleuves ou des nappes souterraines, soit enfin par des golfes s'avançant plus ou moins dans les terres.

Partout où la culture est possible, on constate des groupements sédentaires comme dans la Kabylie. Ces noyaux de populations s'écartent un peu moins que les Kabyles du Djurjura du type pastoral primitif et, là où ils s'établissent, se fondent également des haltes de commerce et de caravanes. Ces cultures et le trafic des caravanes complètent ce que l'art pastoral ne produit pas sur ces déserts arides pour les besoins des nomades et, d'autre part, ces nomades, à l'aide des caravanes, facilitent les relations indispensables entre ces groupements de populations isolés dans les oasis du désert.

Tous ces pays, encore peu explorés, peuvent cependant se caractériser, d'après les renseignements connus aujourd'hui, comme l'a fait M. de Préville qui a pris pour base les différents modes de travail et d'existence, ainsi que les faits matériels constatés par la géographie et les voyageurs.

1° *Région des pasteurs cavaliers.*

Cette région, la plus septentrionale, commence sur la frontière orientale de la Perse, comprend les déserts de Syrie, du Jourdain, traverse l'Egypte au niveau du Nil inférieur; la partie septentrionale du désert de Lybie, vient s'étaler au pied des hauteurs de la Cyrénaïque et de l'Atlas à travers la Tripolitaine, la Tunisie, l'Algérie et se termine au Maroc (Reclus, t. IV, p. 205. *L'Univ. pitt.*, t. V, p. 282).

Cette partie de la zone des déserts du nord jouit d'une humidité encore suffisante pour la nourriture des troupeaux. Elle côtoie d'ailleurs la Méditerranée dans une grande partie de son parcours et est traversée par des cours d'eau et des torrents nombreux. Aussi le pasteur peut-il y élever ses troupeaux, mais, de tous les animaux domestiques, c'est sans contredit le cheval qui est l'objet de sa prédilection.

Dans les environs d'Oran, on a constaté que l'espèce chevaline avait cinq vertèbres lombaires et certains zoologistes en ont conclu à une race spéciale à cette zone maritime, mais les beaux travaux de M. Piétrement (*Des chevaux dans les temps historiques et préhistoriques*) ont prouvé que ces chevaux venaient de l'Asie, ce qui importe à ma thèse, puisque je fais aussi venir les premiers habitants de la région du même point de départ ou à peu près.

Il m'est difficile de déterminer l'époque de la première migration des pasteurs berbères dans la zone des déserts du nord de l'Afrique.

Cependant, si nous consultons Piétrement, *op. cit.*; Fr. Lenormand, *Man. d'Hist. de l'Orient*; Dorbigny, *Dict. d'hist. nat.*, art. CHEVAL, p. 499; Buffon, *Le Cheval*, p. 101 à 103; la *Sc. sociale*, t. IV, V et suiv. de Préville et J. Moustier, nous trouvons qu'on peut faire remonter cette migration à l'invasion des pasteurs en Égypte (Hiksos) 22 siècles avant l'ère chrétienne.

Les Hiksos étaient des pasteurs cavaliers de l'Asie mineure et c'est grâce à leurs chevaux qu'eux, relativement barbares, ont pu imposer leurs lois à l'Égypte civilisée.

M. G. de Mortillet, dans son livre sur *Les origines de la chasse et de la pêche*, dit, p. 379, que le cheval n'a été importé en Égypte qu'au commencement du nouvel empire. Il s'appuie sur ce que cet animal n'est représenté en peinture et en gravure qu'à partir de la 18ᵉ dynastie. Or, le fondateur de la 18ᵉ dynastie est précisément Ahmès Iᵉʳ qui chassa les pasteurs en Égypte.

Si jusque-là, les artistes égyptiens n'avaient pas représenté le cheval dans les hiéroglyphes, c'est en raison de cette haine que le peuple du Nil portait aux étrangers et à tout ce qui provenait d'eux.

Le cheval, animal de guerre des Hyksos, s'est trouvé au premier rang dans cette répulsion. Ce n'est donc pas au XVIIIᵉ siècle avant notre ère, qu'il faut faire remonter l'importation du cheval en Égypte et de là dans toute la région méditerranéenne de l'Afrique, mais bien au XXIIᵉ siècle, au moment de la conquête de l'Égypte par les pasteurs.

L'inexpérience des artistes dans la représentation du cheval sous Ahmès et ses premiers successeurs ne fait que confirmer ce que j'avance.

Toutefois, comme le dit M. de Mortillet, cet animal n'a pas été domestiqué en Égypte.

Chabas, d'après un remède indiqué par le *Papyrus médical de Berlin*, ferait remonter l'existence des chevaux égyptiens beaucoup plus haut. Mais alors même que le remède indiqué par ce Papyrus et tiré en effet du cheval, aurait été préconisé sous le premier successeur de Ménès, cela ne prouverait pas qu'il s'agisse de chevaux domestiques, car Piétrement a démontré l'existence du cheval sauvage en Égypte, à la fin du quaternaire.

La science sociale détermine les conditions d'existence des populations pastorales suivant la prédominance de l'une ou de l'autre espèce animale dans la composition du troupeau.

C'est d'après les études faites antérieurement par Le Play (*Ouvriers européens*, t. II, ch. Iᵉʳ, VIII) que M. de Préville est arrivé à déterminer le rôle du cheval dans l'organisation sociale d'une population (*Sc. sociale*, t. II, p. 405 et t. III, p. 33).

Le cheval n'est pas pour le nomade un animal à produit direct, mais il est son art principal. Tout le monde connaît le cheval dit arabe et ses éminentes qualités. Il n'est guère gagné en vitesse que par les purs-sang anglais et s'il a perdu une partie de la résistance du cheval tartare, il n'en est pas moins pour la perfection de l'ensemble le premier des chevaux de selle, souple, robuste, agile et fort.

C'est encore là une influence précieuse du lieu, du sol et des pâturages, entretenue par des soins constants et éclairés, une sélection de tous les instants pour ce compagnon chéri du cavalier du désert.

Aussi, cette sollicitude est-elle récompensée par les grands avantages qu'assure au nomade la possession d'un animal approprié au climat, infatigable, doux, soumis et attaché lui-même à son cavalier.

Au milieu des maigres pâtures du désert, la jument n'est pas laitière comme sa sœur de la grande steppe. Son lait est même insuffisant pour son poulain; et le nomade est parfois obligé de compléter ce qui en manque par du lait de chamelle. Son poil fin ne peut pas être tissé. Il ne peut non plus être employé comme cheval de bât et s'il accompagne les caravanes, ce n'est point comme bête de somme et encore moins de trait.

En un mot, il est l'aide indispensable du pasteur nomade, comme le chien est celui du pâtre sédentaire.

Cet aide agile est d'autant plus indispensable que les caravanes qu'il accompagne ou les troupeaux qu'il conduit s'allongent souvent au loin à travers le désert dans des terrains vagues, sans limites et sans chemins tracés.

Il faut des cavaliers pour grouper les gens et les bêtes, surtout lorsque la colonne est composée d'animaux divers à allures différentes qui compliquent ainsi la marche dans le désert et amènent une dispersion étendue pendant les haltes.

Là où le cheval ne peut plus seconder le cavalier, le nomade doit réduire le nombre de ses bêtes et abandonner la variété des espèces.

C'est là que se termine la région des cavaliers.

Comme monture de guerre, le cheval est bien supérieur au dromadaire sinon par sa vitesse, du moins par la légèreté de ses mouvements et son exacte obéissance (Reclus XI; 860).

Avant de terminer ce qui a trait au cheval en Egypte, nous voulons, après avoir rendu justice à M. de Mortillet, pour avoir noté que les Egyptiens n'avaient pu domestiquer le cheval, critiquer une de ses opinions qui tendrait à accréditer l'idée que les Hyksos venaient de l'Arabie et qu'ils ne connaissaient pas le cheval.

S'ils fussent venus de l'Arabie, en effet, ils eussent pu ne pas connaître le cheval qui n'existait pas à cette époque dans cette contrée, mais ils ne venaient nullement de l'Arabie. Ils étaient des pasteurs cavaliers de l'Asie mineure; Théodore Vibert précise même qu'ils étaient des Cananéens de race sémitique repoussés par l'invasion des Scythes et, je crois, mêlés à des pasteurs cavaliers nomades de la grande steppe vers le règne de la 14ᵉ dynastie. C'est de là que les Hyksos passèrent l'isthme de Suez et se ruèrent sur leurs chevaux rapides à la conquête de l'Egypte.

Hyksos veut même dire cheval.

Il suffit d'ailleurs de comparer le type de ces Pharaons étrangers avec les Pharaons égyptiens pour reconnaître en eux le caractère asiatique touranien qui tranche non seulement avec le type égyptien, mais aussi avec celui des pasteurs chameliers de l'Arabie.

2° Région des pasteurs chameliers.

Si on jette un coup d'œil sur l'histoire de l'Egypte, on remarque que les constructeurs de la ville de Thèbes avaient considéré le point où ils édifièrent les fondements de cette ville, comme très important, non seulement à cause de son rapprochement du littoral de la mer Erythrée, mais surtout parce qu'il est l'aboutissant de deux vallées allant de l'est à l'ouest, et que suivaient déjà depuis longtemps des caravanes venant du port de Myos-Hermos (aujourd'hui Kasseir), et transportant tantôt à dos de chameaux à travers les oasis des déserts de Lybie et du Sahara jusqu'au Maroc, tantôt en suivant le cours du Nil, tous les produits de l'Orient.

Ce furent ces pasteurs chameliers qui peuplèrent la seconde zone des déserts du nord de l'Afrique, jusqu'au début du moyen empire, et longtemps, par conséquent, avant les pasteurs cavaliers.

Ce furent ces Berbères venant originairement des plaines de la Mésopotamie et des déserts de l'Arabie qui fournirent les Guanches et dont on retrouvera des descendants chez les Chambas, les Touaregs et jusque chez les Kabyles transformés par le lieu en agriculteurs sédentaires.

Et de même que les cavaliers étaient habitants de la mer des herbes, en Asie, de même les chameliers sont les habitants de la mer des sables, ce pays de la soif et de la liberté.

Une objection s'est présentée; mais, a-t-on dit, pourquoi les pasteurs chameliers n'ont-ils pas poussé jusqu'au golfe de Suez ou plus simplement encore traversé l'isthme sur leurs chameaux?

D'abord entre Myos-Hermos et Keneh (l'ancienne Thèbes), il n'y a guère que 100 kilom. et la route est encore jalonnée de puits et de citernes facilement reconnaissables.

Ensuite Reclus, t. X, p. 493 et 556, répond à cette objection. Il indique, en effet, que les vents irréguliers qui règnent sur la mer Rouge, faisaient préférer le débarquement à Myos-Hermos que la poussée jusqu'au golfe de Suez qui n'était pas sans danger, et, d'autre part, la traversée de l'isthme elle-même, à cette époque surtout, ne présentait pas pour les caavane s de sûreté matérielle ou sanitaire en raison des marais ou des lagunes qu'il leur aurait fallu traverser.

Par la voie du Nil, au contraire, il n'y avait pour ainsi dire qu'à laisser suivre aux embarcations le fil de l'eau, et, une fois arrivé au delta, reprendre la route des terres par les petites oasis qui conduisaient les caravanes aux Syrtes et, de là, dans le désert saharien où elles retrouvaient celles qui avaient suivi la voie du grand désert.

Cette région désertique parcourue par les pasteurs chameliers est le type de la steppe absolument pauvre.

On peut la faire remonter en Asie jusqu'au confin oriental du désert limitrophe de la Perse, de l'Afghanistan et du Beloutchistan vers le 30ᵉ degré de latitude nord.

Accompagnant à peu près le tropique elle traverse l'Arabie aux environs du Nedjed, l'Égypte au niveau des tribus Bedjas, des Ababdehs et des Bicharins et s'épanouit dans le Sahara jusqu'à l'Océan Atlantique.

Le caractère général de toute la région c'est d'être l'un des pays les plus secs du monde, presque sans arbres et sans eaux apparentes.

Si à une autre époque géologique ces solitudes étaient couvertes par une autre mer Méditerranée, dont les chotts actuels ne nous représentent que des vestiges, on peut dire aujourd'hui que ces déserts ne sont plus que le lit d'un *torrent atmosphérique*, d'un vaste courant d'air sec qui part de l'extrémité du désert de Gobi et s'étend jusqu'au Sénégal.

Il ne m'appartient pas dans ce travail de décrire la météorologie du lieu, ni les transformations géologiques qui s'accomplissent encore de nos jours, je dirai seulement que les tourbillons embrasés qui soulèvent de brûlantes poussières sont une des conséquences de cette distribution du sol et de l'atmosphère et forcent les habitants du désert à se voiler la bouche et une partie du visage dans leurs courses rapides.

A l'exception des oasis qui fournissent les dattes et diverses sortes de grains, les tribus errantes du désert n'y rencontrent guère qu'une végétation très maigre et très disséminée ; des buissons épineux rabougris, le palmier nain dont la racine pivotante va chercher l'humidité au plus profond des sables et qui sert de nourriture aux chameaux.

L'homme en mange également les poussses nouvelles (Reclus), il se nourrit aussi de *drinn* et de la baie du jujubier qui poussent spontanément et sans culture dans ces solitudes terribles.

L'eau se retire de puits très profonds et très distants les uns des autres.

C'est vraiment le pays du chameau, car il est le seul animal, parmi les animaux domestiques, qui puisse supporter assez la privation d'eau et s'alimenter d'une flore grossière et rare. Aussi n'y en a-t-il pas d'autres dans le troupeau de ces pasteurs.

Il existe dans les déserts sahariens, deux variétés de cette race précieuse d'animaux, le *chameau porteur* d'Arabie et le *dromadaire* ou *coureur* appelé également *méhari*.

Elles sont aussi utiles au pasteur l'une que l'autre. Toutes deux leur donnent le lait nécessaire à leur nourriture et remplissent chacune les fonctions qui leur sont dévolues.

Le porteur est indispensable pour les transports à travers le désert, le coureur remplace le cheval de la région des cavaliers et, comme lui, est l'animal de la guerre et des longs voyages ; de plus, il s'impose pour la conduite des troupeaux.

Comme le lait des chamelles est insuffisant pour faire vivre les tribus, celles-ci ajoutent à leur industrie principale, le transport et le convoyage des caravanes.

On s'est demandé si l'industrie du convoyage des caravanes serait assez rénumératrice pour couvrir les frais et les intérêts d'un chemin de fer transsaharien, en supposant qu'on arrive à exécuter cette voie ferrée.

Or, voici quelques données sur l'importance des caravanes qui apportent à la côte, à travers le Sahara, les produits de l'Afrique centrale.

D'abord supprimons le transport des esclaves qui prendrait fin le jour où le chemin de fer remplacerait les caravanes; il resterait alors la poudre d'or, la gomme, tous les produits de la culture des grandes oasis qu'on échangerait contre des étoffes, des instruments, du sel.

Or, si l'on considère que le prix des objets qui ont traversé le désert subit une hausse de 150 à 500 0/0 (1), on pourra se rendre compte de l'importance du transit dont bénéficie aujourd'hui le pasteur chamelier.

De plus, dans ces voyages, il faut des guides connaissant la route et les puits; beaucoup de chameaux succombent et le nomade des steppes pauvres est un pillard ou au moins un rançonneur dont la protection est payée parfois fort chère.

Toutes ces conditions qui augmentent le prix de revient des transports tomberaient avec l'exploitation de la voie ferrée.

Reste aux hommes spéciaux à nous dire quel serait le prix d'établissement de cette voie sur laquelle *à priori* on ne voit guère ces grands travaux d'art qui ont coûté si cher en Algérie et dans toutes les régions montagneuses.

En attendant l'observateur voit, par ce que nous venons de dire, combien la vie du pasteur chamelier dans les steppes pauvres des déserts africains est différente de celle des pasteurs de la grande steppe asiatique.

Ici, au lieu de la large vie patriarcale commune, le fractionnement en petits *douars* s'impose car l'homme n'a plus en face de lui la « mer des herbes » mais bien la « mer des sables » que traversent le chameau de charge comme un navire marchand, et le méhari du Touareg véritable corsaire du désert (2).

---

(1) Malte-Brun, t. VII, p. 249.
(2) Reclus, t. XI, p. 844.

Dans un travail spécial sur l'Etat civil des Berbères et Kabyles du nord de l'Afrique, lu devant l'ancienne Société africaine de France, j'ai fait ressortir les points importants de la vie des *douars*, notamment en ce qui touche au régime de la propriété, de la transmission des biens, et de l'état social de la femme Touareg. Je n'y reviendrai pas. Plus tard je reprendrai la vie des groupes sédentaires dans les oasis du désert, mais d'ores et déjà je puis dire que la plupart des populations qui cultivent les palmeraies dans les oasis appartiennent à la race négritique et viennent par conséquent du centre de l'Afrique.

Elles n'ont rien de commun avec nos pasteurs chameliers si ce n'est qu'elles en dépendent et ont été introduites dans la région comme esclaves.

J'ai hâte d'arriver à la troisième zone des déserts du Nord de l'Afrique, celle habitée par les pasteurs chevriers.

3° *Région des pasteurs chevriers.*

En se rapprochant de l'Equateur on commence à ressentir un peu de fraîcheur. Les pluies irrégulières sont plus fréquentes, l'humidité sous les sables est à une moindre profondeur. Les rigoles souterraines alimentent des mares appelées *fouls* en Nubie et qui sont les analogues des mares qui existent en Asie. (Reclus.)

Le troupeau des pasteurs de la région trouvant une végétation un peu plus riche, et de quoi satisfaire plus facilement la soif, se recomplète. On y rencontre encore le chameau, mais le mouton et surtout la chèvre en forment la principale ressource.

C'est la région des pasteurs chevriers.

La chèvre y trouve les arbustes épineux qui font ses délices, mais le bœuf et moins encore le cheval n'y peuvent prospérer, car les graminées y sont rares. Une herbe appelée *faleslez* y croît abondamment; elle est recherchée de la chèvre et du chameau qu'elle engraisse, mais sur les hauteurs elle devient mortelle pour le cheval, et même pour l'âne, quoique originaire d'un pays voisin.

L'état social de ces pasteurs est déterminé par le lieu qui nourrit des troupeaux de chèvres. Cet animal fournit aux tribus le vêtement et la tente qui sont fabriqués avec le poil de ces animaux. Il leur fournit aussi le lait et la viande.

Je n'entrerai pas dans le détail de l'industrie du poil de chèvre, qu'il me suffise de dire que cette industrie est dans la région des pasteurs chevriers ce qu'elle est à peu près dans l'Afghanistan, mais la qualité du poil ne vaut pas celle du poil de chèvre du Thibet.

De plus le vent d'*harmattan*, qui souffle de temps à autre au sud du grand désert, apporte des tourbillons de poussière qui recouvrent les feuilles des végétaux ainsi que leurs menus rameaux. Ceux-ci tombent desséchés et comme grillés par le feu.

La chèvre alors trouve difficilement sa nourriture, elle est gênée dans sa respiration, son lait cesse de couler, elle maigrit, meurt souvent et le pasteur est obligé de demander des ressources complémentaires à une autre industrie. C'est l'exploitation du produit de l'*acacia gemmifera* qui, sous l'influence de ce même *harmattan*, se fendille et craque en laissant s'écouler la gomme arabique qui est non seulement consommée par les tribus, mais est pour elles l'objet d'un important commerce. A l'aide de ce produit naturel qui ne leur demande que la peine de le récolter, les pasteurs chevriers se procurent les dattes, le dourah ou le millet nécessaires à leur alimentation.

Dans la région qu'ils habitent rien ne leur impose la réunion en petits douars. Les eaux sont suffisantes pour les moutons et les chèvres. La femme et ses enfants peuvent aider à la récolte de la gomme au même titre et avec la même agilité que l'homme.

Celui-ci a donc intérêt à grouper autour de lui de nombreux subordonnés, dont il se trouve naturellement le chef et le juge en cas de contestation, ce qui arrive souvent à propos de la cueillette ou récolte de la gomme.

C'est donc, comme on le voit la persistance de la vie patriarcale en grandes tribus. Leur éloignement de tout centre important de population assure leur indépendance et tend à rapprocher les pasteurs chevriers du Sahara des pasteurs nomades de l'Asie d'où ils descendent depuis une époque indéterminée mais assurément très reculée.

La paix règne dans les tribus, mais non d'une tribu à l'autre entre lesquelles la guerre, les surprises, les trahisons sont choses ordinaires par cette raison qu'elles n'ont pas au-dessus d'elles d'autorité capable de leur faire observer la paix.

4° *Région des pasteurs bouviers.*

Plus près encore de l'équateur, et avant l'accès de la forêt profonde qui forme le centre de l'Afrique, existe une bande territoriale que Reclus (1) qualifie d'*avant-déserts* qui, climatériquement, est constituée sur toute la longueur de l'Afrique par des pluies irrégulières qui augmentent considérablement d'intensité à partir du 13e degré de latitude à mesure qu'on s'avance vers le Sud. Ainsi tandis qu'il pleut pendant trois mois dans le Kordofan, il pleut pendant sept mois à Hofra-el-Naâs (2).

Ces conditions sont la caractéristique principale de la région des pasteurs bouviers.

Sous l'influence de cette humidité qui n'est pas encore celle de l'aire équatoriale, mais est infiniment plus favorable à la végétation que ne l'est l'irrigation souterraine des déserts arides, la terre se couvre d'une flore riche et vigoureuse où les graminées abondent. Une herbe fine et drue fournit d'excellents pâturages. Elle pousse d'autant plus qu'on s'avance vers l'équateur, au point qu'elle finit par se confondre avec la forêt qui sert de limite à la région.

Dans cette flore succulente, le chameau ne trouve plus les plantes sèches et coriaces dont il se nourrit; aussi a-t-il disparu de la contrée.

Le petit bétail, mouton et chèvre, s'enfouit dans les hautes herbes. Il faut des animaux de haut port, des herbivores, pour

____

(1) Reclus, t. XI, p. 786-89.
(2) Reclus, t. XI, p. 260.

remplacer le chameau; sous ce rapport, le bœuf et la vache sont les animaux qui conviennent au pays.

C'est surtout le bœuf à bosse, aux cornes branlantes, qui est tout à la fois un animal porteur et un animal de bât.

Ce double rôle fait qu'il est aussi nombreux que la vache, sa femelle, et comme celle-ci, d'ailleurs, ne donne du lait qu'en petite quantité pour l'alimentation du pasteur, nous avons réservé le rôle utile ou social au mâle et nous avons caractérisé la région du nom de *région des pasteurs bouviers*.

C'est en effet sur le dos du bœuf à bosse qu'on roule la tente de cuir ou de jonc et cet animal sert de monture aux femmes et aux vieillards, car il acquiert comme animal de selle une souplesse dont le bœuf européen serait incapable.

Qui ne se souvient du bœuf *Sinbad* avec lequel Livingston a traversé toute l'Afrique australe? Et Malte-Brun (1) rapporte que le major Denham a vu la fille de l'émir des Schouâa, au Bornou, faisant exécuter au bœuf qui lui servait de monture des courbettes dignes de faire figure dans nos cirques européens.

Cependant, vers l'est, dans les plaines des Somalis, on retrouve le bœuf et la vache ordinaire. Il y a aussi beaucoup de buffles sauvages.

Quoi qu'il en soit, dans les 4/5ᵉ de la région, c'est le bœuf à bosse qui domine et, comme nous l'avons dit, la femelle de cet animal étant mauvaise laitière, le pasteur est contraint de chercher un supplément de ressources dans le pays qu'il habite.

Il le trouvera, à l'Orient, le long de la côte Baloutche (Makaran), dans la pêche, soit des poissons pour l'alimentation, soit des perles ou de la nacre pour le commerce et les échanges.

On y faisait aussi le commerce des esclaves — mais les règlements en vigueur sur la côte tendent à modifier cette ressource, qui, du reste, amenait la guerre pour le profit privé, comme le commerce des perles et de la nacre avait engendré la piraterie.

Mais si nous rentrons dans le continent en nous dirigeant vers l'Occident, nous y trouvons des races plus pures de mé-

---

(1) T. VII, p. 254.

langes Koushites et placées dans des conditions plus favorables à l'exploitation de leurs troupeaux. Aussi y retrouve-t-on l'art pastoral exercé en société patriarcale.

Ces tribus prospèrent, et Lenormant, Reclus, Malte-Brun, Palgrave, s'accordent pour indiquer des migrations considérables de ces pasteurs bouviers du nord au sud ou du sud au nord, suivant la saison.

Dans la saison humide, en effet, les pâturages sont détrempés, les taons harcèlent le bétail, des scorpions dangereux entourent les mares et les puits et obligent les pasteurs à émigrer vers le nord. Mais dès que la saison sèche revient, ils se hâtent de revenir eux-mêmes avec leurs troupeaux là où l'herbe est plus abondante et alors que les insectes sont moins redoutables.

On trouve aussi dans la région quelques chevaux qui, bien qu'inférieurs aux chevaux arabes, rendent encore des services à la chasse ou à la guerre dans le Soudan. Au cœur du continent, le cheval remplace la barque du pêcheur de nacre ou le boutre du flibustier.

Ce sont ces pasteurs bouviers qui entourent le lac Tchad, objectif actuel des compétitions diplomatiques, ce sont eux qui vivent et se meuvent de l'est à l'ouest et comprennent les tribus du Baggara, celles du Begharmi, du Wadaï, du Bornou et du Kanem; les Schouâa, les Foula, les Peuls et les Toucouleurs du Sénégal sont aussi des pasteurs bouviers.

Tous les ans, au moins une fois, d'après Reclus (1), lorsque les tribus se trouvent ramenées à la suite de leurs troupeaux sur la lisière des forêts centrales, elles organisent une chasse à l'éléphant, dont l'ivoire vient remplacer la nacre dans les ressources supplémentaires des tribus.

Cette zone très fertile donne presque sans culture le riz renommé de Sokoto, le dokn et le dourah qui est consommé en grande partie sur place ou échangé avec les Touaregs contre des dattes.

On peut être sûr que les Européens secondés de travailleurs

______

(1) T. X, p 240.

nègres libres feraient produire à cette région plus de 100 pour un des grains qui lui seraient confiés, tandis que les Kalibés, les Kanenbous, les Bornouans n'emploient que le nègre esclave et le contraignent à labourer et à récolter pour eux, à garder leurs troupeaux et même à combattre pour eux.

C'est l'exploitation hideuse de l'homme par l'homme. Dans ces conditions on peut être sûr que le nègre ne fera que juste le nécessaire pour s'affranchir de toute peine corporelle et ne portera à son travail aucun goût comme amélioration, tandis que les nègres des oasis du Sahara, intéressés directement à la prospérité de leurs palmeraies, et n'ayant pas d'autre part les Touaregs, leurs maîtres, sur le dos, rendent ces oasis de petits paradis disséminés dans le désert.

Tout à fait à l'est, les tribus du Darfour et de la Nubie se mèlent plus directement aux marchands d'esclaves qui font la traite pour l'Egypte ou pour l'Orient (1), aussi voient-ils avec peine l'intervention des puissances européennes qui étendent maintenant leur influence jusqu'à la région des grands lacs.

Ce sont ces pasteurs devenus guerriers qui, sous la conduite du Mahdi, ont refoulé hors du Souhan les expéditions anglo-égyptiennes.

C'était au milieu de ces tribus que s'était établi Emin-Pacha et que Stanley est venu l'y chercher, on sait comment et à quel prix.

En résumé, c'est donc en nous appuyant sur l'état du lieu, d'après la méthode de Le Play, que nous sommmes arrivés à déterminer l'état social des populations de tous les déserts du nord de l'Afrique.

C'est ainsi que des faits d'apparence mystérieuse parviennent à s'expliquer et que l'on peut remonter à l'origine ou au point de départ de chaque population.

M. de Préville, déjà cité, qui a employé la même méthode, y ajoute la tradition répandue parmi ces nomades qui tous, sans exception, déclarent venir de l'Orient, non seulement les tribus berbérines qui se disent *arabes*, mais même les tribus

---

(1) Berlion, *La traite orientale*. — Baker-Pacha, *Ismaïlia*.

nigritiques, comme nous le verrons quand nous étudierons la colonisation primitive du centre africain.

Donc, par l'étude de l'art nourricier déterminée par le lieu et la tradition, on peut conclure que les quatre groupes de pasteurs, cavaliers, chameliers, chevriers et bouviers appartiennent à la race sémitique, qu'ils descendent de ces hauts plateaux de l'Asie où se sont formés les pasteurs nomades, vivant en familles patriarcales, et dont tous les autres pasteurs ne sont que des dérivés plus ou moins modifiés.

Resterait à déterminer l'époque des migrations de ces peuples. Nous avons déjà fait pressentir l'époque approximative de l'invasion des chameliers et des cavaliers.

Dans ce que nous aurons à dire sur le peuplement de l'Egypte et de l'Ethiopie on verra qu'on peut déterminer aussi approximativement l'arrivée des chevriers et des bouviers dont nous retrouvons les analogues soit dans la plaine des Somalis, soit dans la région montagneuse de l'Est africain.

J'aborde maintenant un chapitre extrêmement délicat de l'histoire du continent noir : ce continent, si mystérieux, qu'aucun écrivain, qu'aucun philosophe ne sont encore parvenus à dissiper le nuage qui plane toujours sur les origines du peuple africain.

Je vais essayer de lever un coin du voile qui obscurcit ces origines et, l'histoire à la main, éclairé par la méthode des sciences sociales, je tâcherai de jeter un peu de jour sur la colonisation primitive de l'Afrique centrale.

Mais l'importance de la tâche est si considérable, les causes d'erreurs si nombreuses que je demande d'avance toute l'indulgence de mes auditeurs et, en cas d'insuccès, je les prie également de ne pas m'accuser de trop de témérité, l'amour de la science et de la vérité étant ma seule excuse.

Contrairement à mes habitudes et pour ne pas me perdre dans le détail et le mélange des tribus d'origine, je suivrai ces migrations l'histoire à la main.

Pour ne pas être taxé d'avoir trop compté sur mon imagination, je dirai, avant de commencer, quelles sont les sources où j'ai puisé. D'abord la revue *la Science sociale*, t. IV, V, VI, VII et VIII. Ensuite le Dr Livingstone : *Explorations de l'Afrique australe;* F. Lenormant : l'*Hist. anc. de l'Orient*; *Univers pittoresque*, t. III; Champollion-Figeac : l'*Egypte ancienne*; Hovelacque : les *Nègres de l'Afrique sus-équatoriale* ; Vivien de Saint-Martin : *Dict. géographique, art. Abyssinie, Galla;* Reclus, t. X et XIII. *La Genèse*, ch. VIII et IX, etc.

Toujours grand partisan de l'action du lieu, j'ai divisé le continent africain en zones ou en bandes comme je l'ai indiqué dans la première partie de ma conférence (voir la carte). Ces zones se prolongent en Asie jusqu'à la base des plateaux que l'histoire et la tradition donnent comme le berceau de l'humanité.

Toutes les zones, sauf celles du littoral méditerranéen, comprennent des déserts peu habités, tandis qu'au-dessous d'elles, dans le centre de l'Afrique, se trouve une véritable fourmillière d'hommes se livrant à une culture rudimentaire, par suite des difficultés qu'oppose à l'emploi des animaux domestiques la redoutable mouche tetzé.

Puis enfin, au sud, nouveaux déserts ; de telle sorte que deux voyageurs qui partiraient ensemble de l'équateur pour se diriger l'un vers le nord, l'autre vers le sud, rencontreraient successivement une région boisée cultivable et humide, puis un désert où la sécheresse domine, puis enfin une zone maritime susceptible aussi de culture et suffisamment arrosée.

Quelles sont les races qui habitent ce continent et d'où viennent-elles ? En d'autres termes, quels en sont les premiers colonisateurs ?

Si nous adoptons la définition donnée par la science sociale du mot *race*, nous dirons qu'on appelle ainsi un ensemble d'hommes qui, ayant été soumis à des circonstances communes, en ont reçu une formation particulière.

Donc, d'après cette définition, ce qui différencie entre elles les races africaines, ce sont les circonstances qui se sont imposées à elles *avant leur arrivée en Afrique*, ou qui ont modifié leur organisation primitive *après leur entrée sur ce continent*. En laissant de côté les colons européens qui sont relativement modernes et les Hottentots du sud sur lesquels nous comptons nous expliquer un jour, il reste parmi les races africaines deux grandes variétés : la *blanche* et la *noire*.

Quand je dis la Blanche, il ne faut pas s'arrêter à la couleur de la peau, toujours plus ou moins pigmentée sous le soleil de l'Equateur, mais à certains caractères anatomiques transmissibles par la génération et que je ne m'arrêterai pas à décrire.

On retrouve du reste de ces Blancs à peau brune dans tout l'extrême-sud de l'Asie, de l'Arabie et jusque dans les îles de l'Océanie. Ces peuples-là se rattachent aux deux grandes familles des Sémites et des Japhétistes ou Indo-Européens.

Nous trouvons en Afrique un certain nombre de ces populations teintées, mais de race blanche, comme les Maures, les Madingues, les Peulhs, etc., à l'ouest et les Somalis à l'est qui sont des Sémites plus ou moins mélangés de Koushites. A l'exception des Maures, tous se livrent à l'art pastoral et vivent de la vie patriarcale plus ou moins modifiée.

Entre ces populations et les Nègres proprement dits, sur lesquels nous reviendrons tout à l'heure, et qui tous appartiennent à la race de Cham, on rencontre des individus qui participent de l'une et de l'autre race, mais qui ne sont en définitive que des produits du métissage des deux races principales, la *Blanche* et la *Noire*.

Ces individus encadrés parmi les races blanches ont subi la transformation due à la vie patriarcale et se classent en définitive sous le même type social que les pasteurs.

Commençons donc par déterminer le point d'origine de ces pasteurs, qui, les premiers, ont colonisé les déserts du nord de l'Afrique.

M. de Préville, que j'ai déjà eu l'occasion de citer dans d'autres travaux, a divisé au point de vue des circonstances du lieu et du travail, la zone des déserts du nord en quatre régions qui correspondent à l'emploi des animaux domestiques dominant dans la région — car ici la mouche tetzé n'est pas à craindre; mais comme ce sont des déserts, des steppes pauvres, le colonisateur devra s'y livrer à un travail accessoire pour compléter les ressources insuffisantes du pâturage. Je me suis déjà suffisamment étendu à ce sujet.

Je laisserai donc pour le moment cette partie intéressante de l'état social de ces peuples pour rechercher plus spécialement le point à partir duquel ils se sont engagés sur des territoires qui ont imprimé à chacun d'eux son caractère distinctif.

C'est évidemment, pour tout esprit clairvoyant, le revers occidental du grand plateau asiatique.

Il y eut là, comme le dit M. de Quatrefages, un grand centre ethnique du type blanc, duquel sont dérivés trois centres secondaires : les *Finnois*, les *Aryens* et les *Sémites*.

C'est de ces derniers dont il s'agit ici.

Lorsque la population fut devenue trop nombreuse, l'émigration s'imposa et les tribus qui, jusque-là, avaient vécu de la vie pastorale s'ébranlèrent en suivant la voie qui leur présentait un mode d'existence semblable à celui qu'il avaient dans leurs steppes d'origine et toutes conservèrent les mœurs patriarcales plus nécessaires encore dans les déserts que dans la steppe, car c'est surtout dans le désert que retentit cette malédiction : *Væ soli!* malheur à l'homme seul, indépendant ou révolté et, par conséquent, banni.

La famille patriarcale s'est donc maintenue par la contrainte du lieu et on a vu s'écouler des hauts plateaux des tribus de cavaliers qui ont peuplé la zone méditerranéenne ; du Tibet, des tribus de chevriers ; de la Mésopotamie, des tribus de chameliers et enfin des steppes du Caucase, des tribus de bouviers qui, toutes, chassant devant elles leurs troupeaux, ont essaimé régulièrement et progressivement de *l'Est à l'Ouest* et ont colonisé ainsi l'Arabie et les déserts du nord de l'Afrique, dans lesquels ils ont été pour ainsi dire encadrés par les nécessités qu'imposaient la conservation des moyens d'existence et le mode de la famille patriarcale.

La guerre a aussi contribué à répartir ces tribus plus également en repoussant vers les territoires vacants, celles qui étaient pour les autres une occasion de gêne ou de conflits.

La rapidité de cette première colonisation a été d'autant plus grande que la pauvreté des pâturages, le manque d'eau pour les troupeaux, forçaient les pasteurs colonisateurs à accélérer leur mouvement vers l'Occident, toujours dans l'espoir de trouver un terrain plus propice, et c'est ainsi que les Berbères, qui formaient la majeure partie de ces tribus colonisatrices, ont peuplé les montagnes de l'Aurès et de l'Atlas, le Maroc et les îles Canaries voisines du continent, où on a retrouvé leurs restes anthropologiques.

Rien dans cette colonisation n'est venu modifier les causes originelles de la formation pastorale et de la vie patriarcale qui conviennent autant au désert qu'à la steppe.

Mais à côté de ces races pastorales appartenant toutes à la variété dite Blanche, il existe d'autres races dérivant au contraire de la variété Noire ou Nègre et qui occupent toute l'étendue du centre africain, forêts et cultures; là où se trouvent les régions du Dourah, de l'Eleusine, de la Banane et du Manioc, c'est aussi la région infestée par la mouche Tetzé et la moins connue de l'Afrique.

C'est le *vaginæ gentium* où s'alimente l'esclavage et où les traitants commettent tant de crimes !

D'où viennent ces populations noires ?

C'est ce qui nous reste à expliquer.

Lenormant a établi (*loc. cit.*, t. I, p. 81) d'une façon indiscutable, que les Sociétés — qu'elles soient composées de blancs ou de noirs — obéissent absolument et de la même façon, aux règles générales déterminées par la science sociale, ce qui, pour le dire en passant, est encore un argument de plus en faveur du Monogénisme.

Mais de même qu'il existe, indépendamment de la coloration de la peau, des différences dans les caractères physiques entre le blanc et le noir, de même aussi il en existe dans ce que j'appelle les caractères sociaux.

C'est ainsi que M. de Préville a déterminé que *nulle part le nègre ne s'établit sous le régime de la famille patriarcale.*

Par ce seul fait que sur les plateaux herbus de l'Est montagneux de l'Afrique, les Massaï ont conservé des restes de la vie patriarcale, on peut affirmer qu'ils ne sont pas d'origine nègre pure ; j'ai déjà remarqué, d'après l'explorateur Thomson, les signes physiques qui les distinguaient des nègres véritables (1).

Du reste, j'en appelle à tous les explorateurs du Centre africain, ni au Nord, ni au Sud, le nègre ne pénètre dans le désert où l'organisation patriarcale est rendue nécessaire par la contrainte du lieu.

Au Nord, nous l'avons vue réalisée par les pasteurs nomades ; au Sud, Livingstone l'a trouvée chez les Bechuans et les Hottentots qui ne sont pas des nègres. On en trouve aussi des traces chez les Cafres et les Zoulous.

Cette méconnaissance de la vie patriarcale, qui caractérise

---

(1) Dr E. Verrier, Région montagneuse de l'Est africain. *Bulletin de la Société d'anthropologie*, 1890.

la race noire, est évidemment due à des circonstances spé-
ciales que cette race a traversées et qu'il s'agit de déterminer.

Quelles sont donc ces circonstances ?

Si nous parvenons à déterminer quelle fut la dénomination
historique des peuples, qui, dans les âges primitifs, ont passé
par ces circonstances, nous aurons résolu la question de la dé-
termination d'origine de la race noire et il ne nous restera qu'à
suivre la voie par laquelle ces hommes ont pénétré au cœur du
continent africain pour en former les premiers colonisateurs.

Avant d'aborder cette partie de mon sujet, je désire exami-
ner, avec M. de Préville, les différentes hypothèses que l'on
pourrait faire à cet égard :

1° Serait-ce que les nègres auraient *traversé des régions forestières comme celles de l'Équateur ?*

Non, car la forêt, tout en désorganisant la famille, la fait
chasseresse et l'on sait que nulle part le chasseur ne devient
agriculteur.

Voyez les Caraïbes, les chasseurs du bassin de l'Amérique,
les Peaux-Rouges du Nord, les chasseurs de la Pampa, ils dis-
paraissent devant l'invasion européenne, et nulle part ils ne
s'allient à elle pour passer à la culture.

Si dans le centre africain la chasse est parfois une ressource
pour le nègre, elle ne l'est que pour combler l'insuffisance d'une
culture rudimentaire, contrariée par les ravages de la Tetzé.

Partout le nègre est agriculteur et, on l'a vu, transporté
par l'esclavage aux Antilles, faire fructifier par la culture
sous un soleil meurtrier, les riches terrains du planteur d'Europe.

Seul de toutes les races humaines, il peut soutenir le labeur
agricole sous les rayons perpendiculaires du soleil et dans des
conditions d'insalubrité telles que le blanc ne pourrait même
pas vivre à rien faire.

Livingstone (p. 532), disait que la culture était pour le nègre
une passion. Aussi, loin de rechercher l'isolement comme le chasseur, il est essentiellement sociable et se réunit en gros vil-
lages.

2° Serait-ce alors que les nègres auraient primitivement oc-

cupé les déserts du Nord et qu'ils en auraient été refoulés par la guerre ou par l'invasion des pasteurs ?

Pas davantage, car l'histoire prouve la présence des races pastorales dans les déserts du Nord dès la plus haute antiquité.

Et, en admettant cette hypothèse, la science sociale indique que partout où les pasteurs nomades ont pénétré, loin de désorganiser les premiers habitants, si ceux-ci vivaient en famille patriarcale, ils ont au contraire conservé leur mode d'existence et rallié les peuples anciens à leur organisation sociale, ou bien leur ont laissé leur organisation propre en se superposant à eux sans se mêler et les contraignant tout au plus à une culture n'exigeant pas l'abandon du régime communautaire.

Telles furent les colonies grecques, rouméliotes ou bulgares, qui ont conservé leur organisation patriarcale sous la domination des Turcs qui ont vécu eux-mêmes de la vie des steppes.

De plus, comme le fait remarquer M. de Préville (*Science sociale*, t. VIII, p. 396), dans l'hypothèse d'un refoulement des nègres au sud du désert, ceux-ci auraient vu périr leurs troupeaux et auraient péri avec eux. Car, si la colonisation est facile de l'est à l'ouest, en raison de la similitude des steppes et des déserts, il n'en est pas de même pour un peuple qui passe brusquement du désert dans une région à végétation luxuriante, et d'un pays de grande sécheresse à un pays où domine le régime des pluies.

Dans cette hypothèse, comme dans la première, si les nègres avaient subi le refoulement, ou ils auraient disparu, ou ils auraient été anéantis.

Et pourtant on le retrouve partout ce nègre, supportant le poids des jours et la chaleur dans les déserts et dans les forêts, et partout aussi les traditions unanimes des peuples voisins, quelle que soit leur couleur, disent que le nègre est un être étranger, un inconnu qui n'est pas issu de leur race et qu'ils l'ont trouvé « occupant avant eux les lieux où la vie est difficile et repose sur le travail pénible de l'agriculture ».

Les monuments de l'Egypte nous le montrent dès la plus haute antiquité, soit au nombre des captifs ramenés du Sud, soit comme un voisin adonné aux durs travaux du sol. C'est qu'en effet, le nègre apparaît comme le premier colonisateur de l'Afrique avant l'immigration des autres races.

Par quel chemin est-il donc arrivé à l'état de cultivateur et sans avoir eu à traverser les déserts ; mais, en traversant au contraire, des territoires cultivables par un chemin ouvert aux premiers occupants ?

Pour pénétrer d'Asie en Afrique, deux chemins s'ouvrent aux migrations : l'isthme de Suez et le détroit de Bab-el-Mandeb.

Ces voies sont aussi celles suivies par les sociétés de pasteurs qui ont colonisé les déserts du Nord.

Pourquoi les nègres ne les auraient-ils pas utilisées?

Les recherches de M. de Préville lui ont démontré (*Science soc.*, VIII, 145 et 146) que *le point initial à partir duquel s'est opérée la diffusion de la race nègre dans le centre et le sud de l'Afrique, c'est la haute contrée d'où découlent à la fois le Nil bleu et le Nil blanc.*

Or, c'est précisément à cet endroit qu'aboutissent les deux grandes voies migratoires, les deux passages historiques dont nous venons de parler.

Le premier, par l'isthme de Suez et la vallée du Nil, coupe toutes les régions de steppes, sans participer à leurs conditions, donne accès aux migrations des peuples de la Palestine, du Liban, des rivages de la mer Egée et des plaines cultivables d'Antioche et d'Alep, c'est-à-dire de pays de cultures et de centres urbains.

Le deuxième, par l'Arabie et le détroit de Bab-el-Mandeb, donne accès aux migrations venant de la vallée de l'Euphrate, suivant le golfe Persique et traversant l'Arabie heureuse, c'est-à-dire également un pays propre à la culture et ayant rencontré sur la route les centres urbains des bords du Tigre et de l'Euphrate.

Dans cet exode, la vie patriarcale n'a pas été rencontrée, rejetée qu'elle était dans les steppes comprises entre ces deux routes.

Je n'essayerai pas de retracer la vie des peuples de ces régions, ni la fécondité des terres alluviales, ni l'étroitesse du lieu proprement dit, resserré qu'il est entre deux steppes arides impropres à la culture, ni même la facilité des transports par la voie fluviale.

Qu'il me suffise d'affirmer que la vallée du Nil peut se comparer avec celle de l'Euphrate.

Les conséquences sociales de cette similitude se déduisent facilement et sont confirmées par l'histoire ultérieure :

1° La richesse des cultivateurs ;
2° Leur agglomération forcée ;
3° Le développement commercial ;
4° La fondation des villes.

Je ne rappellerai au lecteur ni Ninive, ni Babylone, ni Memphis, ni la Thèbes aux cent portes qui appartiennent aux civilisations les plus antiques du monde.

Il me suffira de dire, en faveur de ma thèse, qu'avant la création de ces empires et dès l'époque même de la dispersion des hommes, les nègres ont passé par là en subissant, eux aussi, l'influence du lieu, c'est-à-dire en adoptant le *régime urbain* (Lenormant, t. III, p. 268), avec l'agriculture complémentaire.

Or, ce régime urbain, comme nous le voyons encore dans nos grands centres d'Occident, amène des dégradations forcées dans l'ordre moral, social et familial. Il fournit une quantité d'individus isolés, expulsés par la misère ou la police des villes et incapables de reconstituer une société stable.

Tels sont les nègres de l'Afrique centrale ; incapables de coloniser des territoires voués aux pâturages nomades, mais suffisants pour une culture rudimentaire ou un défrichement commandé par la contrainte.

Ce mode de travail, en effet, n'exige pas une organisation stable, ni même quelconque de la famille et nous en sommes témoins de nos jours, dans toutes les colonies qui reçoivent les désorganisés des grandes villes.

Le régime urbain n'est donc que l'agglomération et le commerce joint à la culture qui rend les individus propres à tous les travaux sédentaires, mais leur ôte la facilité de reproduire, loin de leur patrie d'origine, l'image de la vie patriarcale.

C'est ainsi que de proche en proche, les groupes urbains, premiers ancêtres des nègres, ont assaini, irrigué et mis en culture les terres qu'ils trouvaient à leur portée à l'est jusqu'à l'Indus et au-delà, et à l'ouest sur les deux routes migratoires conduisant en Afrique.

Cette première colonisation ne nous explique-t-elle pas la rapidité avec laquelle les grands empires Sémites et Chamo-Sémites, venus à la suite, se sont développés en population et en richesse.

M. Théodore Vibert, dans son livre sur la *race sémitique* (2e édit, Paris, 1883), a démontré l'extension qu'avait déjà prise la descendance de Sem, au début des âges historiques.

Ainsi les Berbéres, premiers colons des déserts du nord de l'Afrique, étaient de race sémitique et parmi les descendants de Cham, qui ont peuplé le centre du continent africain, s'étaient glissés encore beaucoup de Sémites. C'est pourquoi on retrouve parfois chez les nègres, quoique bien effacées, quelques tendances à la vie patriarcale. Mais ici l'exception ne fait que confirmer la règle posée par M. de Préville.

Il ne me reste plus qu'à établir l'assimilation historique des peuples que je considère ici comme les ancêtres des nègres, pour vous convaincre que c'est bien par ces deux voies du Nil et du détroit de Bab-el-Mandéb que sont arrivés les premiers colons de l'Afrique centrale ou équatoriale.

Je ferai pour cela appel à la science profonde et à l'érudition de Lenormant (t. I, p. 329) et aux lumières apportées dans ces questions par M. de Préville dans la *Science sociale*, t. VIII, p. 400.

Autrement il faudrait admettre un centre de création pour

l'Afrique, ce qui est contraire à la tradition et à l'histoire universelle.

M. Lenormant, traitant des *premiers Adites de l'Arabie* (t. II, p. 236 et suivantes) nous dit que les terres de *Chus*, de *Mesraïm*, de *Phut*, de *Chanaan* ont conservé les noms des quatre fils de Cham qui les avaient mises en culture.

Non seulement la Bible, mais encore les traditions orientales et les plus anciens textes nous montrent à l'origine une race humaine qui a adopté le régime urbain avec la fabrication et le commerce. Nemrod, le premier fondateur des villes, n'était-il pas un fils de Chus ? Tandis que les deux autres races de peuples adoptaient, l'une l'art pastoral et l'autre la grande culture.

La première de ces races était celle des Chamites qui a occupé dès l'origine des temps historiques ces deux longues bandes de terres fécondes et cultivables qui, partant de la haute vallée de l'Euphrate, gagnent, l'une par le cours du fleuve et les rivages arabique, l'autre par la Palestine et la vallée du Nil, le centre africain.

Cette race a donné naissance par le régime urbain et l'émigration irrégulière à ces races désorganisées que nous retrouvons dans l'Afrique centrale.

Tandis que les deux autres, les Sémites et les Japhétistes, ont occupé à l'origine les pays de steppes et ont donné naissance par le régime nomade et l'essaimage régulier des tribus à des populations imbues de la formation patriarcale.

C'est là, comme le fait justement remarquer M. de Préville, la différence entre le blanc et le nègre.

Ce dernier, dès le principe même, a donc été privé de toute initiation à la vie patriarcale.

Pour nous résumer, l'histoire à la main, nous dirons que les premiers habitants de la vallée de l'Euphrate étaient des cultivateurs soumis au régime urbain, qui ont envahi les terres cultivables de l'Arabie et de la Palestine, en laissant aux terres qu'ils avaient défrichées les noms des fils de Cham.

Nous voyons ensuite ces premier Adites (Ad était un petit-fils de Cham) repoussés en Afrique de longs siècles avant notre ère (Lenormant, p. 260), se réunir, quoiqu'ayant suivi deux voies différentes, sur des points situés en face de leurs anciennes possessions, d'où s'est fait le travail de diffusion des nègres à l'intérieur. Comment s'est opérée cette diffusion ? C'est ce qui me reste à démontrer.

Pour les nègres venus en Afrique par l'Euphrate et l'Arabie, la diffusion s'est opérée seulement à leur arrivée sur les plateaux éthiopiens. Les plus forts sont restés en possession des lieux de choix après une lutte souvent renouvelée et qui dure encore. Les plus faibles se sont épanchés à l'intérieur du continent, ou n'ont occupé que les terres inférieures, où poussait spontanément la banane et où ils pouvaient se livrer à la pêche fluviale et lacustre. ·

Quant aux immigrants venus des rivages de la Méditerranée par l'isthme de Suez et le cours du Nil, toutes les découvertes les plus récentes de la science épigraphique les identifient avec les Chamites. (Lenormand, t. I, p. 363.)

Mais, partis comme ceux-ci de la haute vallée de l'Euphrate, leur séjour plus ou moins prolongé le long des rivages de la Méditerranée les avait rendus aptes aux divers travaux qu'engendrait ce lieu peu homogène, depuis l'exploitation des régions forestières du Liban jusqu'aux cultures du blé, du vin et de l'huile, ou à la simple récolte des produits spontanés, si nombreux sur ce sol qui fut plus tard « la terre promise des Hébreux ».

Ces conditions si diverses de travail, auxquelles on pourrait ajouter un rudiment de commerce et la pêche maritime dans une contrée qui devint célèbre sous ce rapport, quand Tyr et Sidon eurent été construites, engendrèrent des types de peuples très divers aussi, comme on peut encore le constater de nos jours. (Lenormant, t. I, p. 373.)

Ainsi donc, nous disons que la terre de Chanaan pouvait être comparée, au point de vue social, à la région montagneuse de l'Est africain où nous avons vu que s'était faite la diffusion des premiers Adites arrivés par l'Arabie.

Par la même raison de l'influence du lieu, la diffusion de cette autre branche des Chamites s'accomplit dans la Palestine même et c'est aux plus forts, aux plus méritants qu'échut la terre promise, alors que les autres ont été refoulés vers la vallée du Nil.

Ainsi donc c'est en remontant le cours de ce fleuve que les tribus inférieures de Chanaan ont abordé la Haute-Egypte dans le point situé entre le Nil blanc et le Nil bleu.

Mais, dépourvues de leurs meilleurs contingents et trouvant les hauts plateaux occupés par une race mieux organisée, les tribus nègres se sont rejetées vers le nord et l'ouest dans les forêts et pâturages insuffisants du Nil blanc, dans la région du Dourrah.

Telle fut l'origine des nègres dits de type *Chilouk*.

Tandis que les premiers Adites, déjà en possession de la région montagneuse, ont subi seulement sur ce lieu la sélection qui a assuré aux gens les mieux doués la possession des pâturages repoussant ses contingents inférieurs dans les déserts du Sud et la région du Manioc où domine le type *Bantou* (Hovelacque, Nègres sus-équatoriaux, p. IX et X et p. 235, note) dont l'aire de colonisation est bien plus étendue que celle des Chilouks.

Cette diffusion des deux types principaux de nègres dans le centre de l'Afrique est encore insuffisante pour expliquer les différents types que les explorateurs rencontrent dans les déserts équatoriaux et M. Lenormand (t. III, p. 277; t. I, p. 344) fait intervenir un troisième facteur qu'il nomme les *seconds Adites*, formés des restes nombreux des Chamites restés en Arabie et des rejetons des tribus pastorales des Jectanides et des Cathânites leurs voisins.

Cette race intermédiaire qui, d'après le savant que je viens de citer, aurait mis à peu près dix siècles à se former, repoussée peu à peu par les Japhétiques « achevèrent de descendre sur les terres de la postérité de Cham ».

Ces métis *Sémo-Chamites*, plus forts et mieux organisés que leurs prédécesseurs *Bantous*, se frayèrent facilement une place sur les plateaux éthiopiens occupés aujourd'hui par leurs descendants les Abyssins, les Galla, les Massaï.

Comme je l'ai dit en commençant, cette race diffère de la

race nègre et par la couleur de la peau, et par la chevelure, et par les formes du corps ainsi que par la valeur morale, et elle diffère autant de la race pastorale des déserts qui appartient aux races blanches.

Elle représente, comme métissage, l'élément intermédiaire que nous avons dit exister dans les tribus patriarcales des déserts du Nord.

Mais de même que les métis de pasteurs sont devenus pasteurs eux-mêmes, de même les métis *Sémo-Chamites*, nés au milieu des restes des premiers Adites, de gens qui sortaient de tribus cathânites, se sont soumis au régime urbain.

C'est ce milieu qui a corrompu la tradition dans ces familles mixtes qui, tout en conservant suffisamment d'éléments patriarcaux pour rester supérieurs aux premiers Adites, se sont vues cependant privées de la condition nécessaire à la vie pastorale pour se répandre dans les déserts du nord de ce continent.

C'est ainsi que ces Galla, ces Abyssins, ces Massaï se fusionnant avec les premiers Adites ou les repoussant vers le Sud, s'établirent comme pasteurs transhumants et guerriers sur les plateaux herbus de l'Ethiopie, qui devinrent un lieu de luttes séculaires et un point d'origine d'émigrations forcées par suite de l'étroitesse de ces plateaux.

Les peuplades refoulées des petits plateaux laisseront aux nègres Bantous les territoires cultivables et se jetteront sur les pays de cueillette, tel que l'Ouganda par exemple, et, la population s'accroissant sans cesse, elles se dirigeront vers les forêts équatoriales où l'exploitation du nègre par le Galla est poussée jusqu'à l'anthropophagie. C'est ainsi que les chasseurs désorganisés de ces forêts, refoulés de plus en plus vers l'Ouest, ont fini par gagner les côtes de l'Atlantique. On retrouve au Dahomey et chez les peuples voisins des coutumes sanglantes et des rites extravagants comme l'histoire en attribuait aux nations Sabéennes et à tous les peuples issus de Cham. (Lenormant, t. III, p. 258 et suiv., t. II, p. 20, etc.)

Tels sont, suivant mon humble avis, les origines des premières colonisations de l'Afrique. Au Nord les Sémites, pasteurs noma-

des. Au centre, les Chilouks, agriculteurs et chasseurs, à l'Ouest
et au Sud, les Bantous pasteurs et chasseurs, à l'Est, enfin, des
Adites qui, sous le nom de Galla, Massaï, pasteurs transhumants
et guerriers, repoussent perpétuellemment leurs cadets et leurs
vaincus vers le centre mystérieux de l'Afrique.

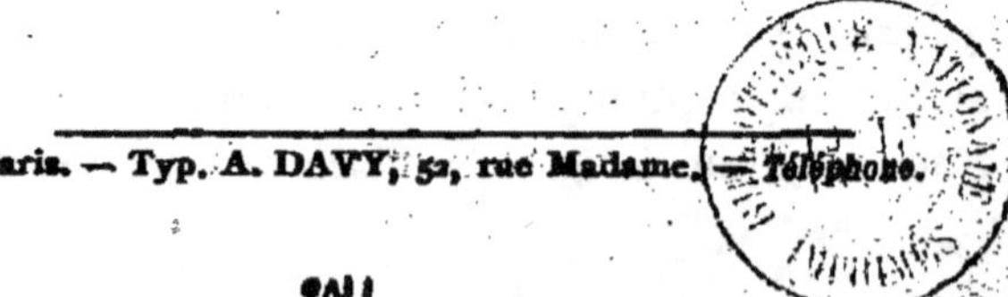

Paris. — Typ. A. DAVY, 52, rue Madame. — Téléphone.